AF331352

SIMPLE

DOCUMENT

SUR

L'Afrique.

PAR

Un Officier

ATTACHÉ A L'ARMÉE D'AFRIQUE, SOUS LE PREMIER
COMMANDEMENT DE M. LE MARÉCHAL CLAUSEL.

« Allez et préparez les voies à un Établissement
solide en Afrique ».

BIBLIOTHEQUE ROYALE
I

Paris,

IMPRIMERIE DE L.-E. HERHAN ET BIMONT,
RUE DU CAIRE, 32.

1838.

LK 287 8

SIMPLE DOCUMENT

SUR

L'AFRIQUE.

« Allez et préparez les voies à un Établissement
solide en Afrique. »

Telles furent, en substance, les instructions don-
nées au maréchal Clausel lorsque, pour la première
fois, en août 1830, il fut appelé au commandement
de l'armée d'Afrique. La conséquence à tirer d'un
mandat aussi explicite était que, quant au choix
des moyens, le gouvernement s'en remettait aveuglément à l'expérience et au discernement éprouvé
du maréchal. Il ne pouvait guères en être autrement, car, comme il s'agissait d'opérer sur un pays
entièrement inconnu, on ne pouvait le faire, en
quelque connaissance de cause, qu'après l'avoir
étudié sur les lieux mêmes. Ce n'est que plus tard
qu'on a affiché la folle prétention de régir, de Paris,
les affaires d'Afrique, et l'on sait combien la France
a payé cher cette fâcheuse tentative.

Le maréchal ne se dissimula pas la difficulté de

la tâche qui lui était imposée, mais il n'en fut pas rebuté, et il se mit en devoir de la remplir. A peine eut-il étudié l'état du pays et celui de la population, qu'il fut frappé de deux considérations auxquelles il dût s'arrêter, et qui devinrent la règle invariable de sa conduite. Il entrevit, d'une part, l'impossibilité d'étendre, de prime abord, son action à cet immense territoire, et de l'autre, le danger de s'exposer à un mécompte, en faisant entrer la population indigène pour une trop grande part dans ses vues de colonisation, et dès lors son plan de conduite fut définitivement arrêté.

(1) Deux des belicks de la régence, celui d'Oran et celui de Constantine, se trouvaient vacans; l'un par la démission volontaire du bey; l'autre par son insoumission. Il fallait remplir ces deux vacances, et s'y prendre de manière à fixer son choix sur des sujets qui présentassent toutes les garanties désirables. Le maréchal jetta les yeux sur deux princes de la maison régnante de Tunis, et les négociations qui s'ouvrirent à ce sujet furent couronnées d'un plein succès. Ces princes, tous les deux dans la force de l'âge, consentirent à devenir les sujets et les tributaires de la France, et déjà les traités passés avec eux sous la garantie du chef de la famille, le bey de Tunis, avaient reçu un commencement d'exécution lorsque le gouvernement français leur ayant

refusé sa sanction, ils durent être regardés comme non avenus. Il s'ensuivit que les princes, qui avaient traité de bonne foi, en furent pour les frais d'un premier établissement.

Les événemens qui se sont succédés depuis font ressortir tous les jours davantage l'importance de ces stipulations. La France ne perdait rien de sa suprématie sur ces deux provinces, qui eussent continué à être régies à la manière des Turcs; elle en conservait la nue-propriété et le droit de souveraineté; elle en percevait un tribut qui venait en déduction des dépenses qu'entraîne son établissement d'Afrique, et enfin elle en tirait cet avantage incalculable de pouvoir tourner toutes ses vues, de porter et concentrer tous ses moyens d'action vers la province d'Alger, qui devenait son point d'appui et son centre d'activité. L'occupation, ainsi réduite, n'aurait exigé que l'emploi de 20,000 hommes de troupes, au plus, et cela dans les premiers temps.

On n'a jamais été bien fixé sur les motifs qui ont porté le gouvernement à refuser sa sanction au traité passé avec les princes de Tunis. On a dit, mais la chose est peu probable, qu'on s'était déterminé par l'appréhension de donner à cette cour une ingérence dans nos affaires d'Afrique qui, par la suite, pourrait prendre un caractère alarmant, comme si, en tout état de cause, la cour de Tunis était en position de donner des inquiétudes sérieuses à la France, comme si la moindre velléité d'ambition de sa part n'eut pas été le signal de sa chûte. Ces stipulations parurent peut-être alors peu avantageuses, car on devait avoir de hautes prétentions. L'idée d'une cession de territoire, même temporaire, devait effaroucher les esprits superficiels qui pensaient que nous devions entrer sans coup férir en libre et entière possession de toute l'Algérie. L'événement a fait justice d'une aussi folle présomption, et aujourd'hui, pour faire ressortir les avantages des stipulations dont il s'agit, il suffit de les comparer à celles du traité de la Tafna, si toutefois il est possible d'établir une comparaison entre deux choses aussi dissemblables. Quoiqu'il en soit, ce refus de sanctionner des traités consentis de part et d'autre volontairement et de bonne foi, a été la première atteinte portée à notre considération dans l'esprit de ces peuples, qui dès lors n'ont plus eu foi en nos actes.

L'annulation de ces traités a entraîné la ruine du système du maréchal. Il a fallu en adopter un autre, et celui d'une occupation générale a prévalu un instant. On sait à combien de sacrifices la France a dû se résigner en poursuivant cette périlleuse entreprise, dans quels embarras inextricables elle s'est trouvé engagée, sans compter ceux que lui promet l'avenir, jusqu'au moment où, par la force des choses, elle s'est vu obligée de revenir à la pre-

mière idée, mais par des voies bien différentes. Le
traité de la Tafna, qualifié de traité de paix, qui a
servi de transition, est loin de pouvoir être com-
paré aux traités qui ont été frappés d'annulation.
Nous nous abstenons de tout rapprochement; il
suffit de remarquer que, par le traité de la Tafna,
l'une des parties contractantes reconnaît tacite-
ment que la France est aux prises avec un ennemi
invaincu et invincible; qu'elle obéit à la nécessité
en traitant avec lui d'égal à égal, comme de puissance à puissance, et en lui faisant une concession
de territoire qui dépasse toutes ses espérances, qui
le grandit et le rend plus redoutable que jamais.
Une aussi large concession, sans parler des dé-
boires qui peuvent en naitre par la suite, est d'autant
plus gratuite que cet Abd-el-Kader, qui s'est montré
si redoutable, ou du moins qu'on a signalé et traité
comme tel depuis, avait offert sa soumission au
maréchal à des époques antérieures et à deux re-
prises différentes, savoir : une première fois, à
Tlemecen, et cela à une très modeste condition ;
il se bornait à demander que son acte de soumission fut constaté par une convention, et pour gage
de ses bonnes intentions, il offrait de ravitailler Tlemecen à ses frais, à quoi le maréchal ne voulut accé-
der qu'à charge de paiement. Le maréchal, de son
côté, lui promettait sûreté pour sa personne et voulait
qu'il s'en remit aveuglément à sa parole, pensant qu'il
n'était ni de la dignité de la France, ni de la sienne,

BIBLIOTHÈQUE NATIONALE

R. F.

d'entrer en négociation avec un chef rebelle qui n'avait pour cela ni titre ni qualité. La seconde fois, ce fut après cette expédition de Constantine, qu'on s'est plu à qualifier de *désastre*, et qui ne fut pas même un échec, puisque son mésuccès doit être attribué, non aux efforts de l'ennemi, mais bien aux élémens conjurés contre nous. C'est à cette époque qu'Abd-el-Kader renouvela l'offre de sa soumission pure et simple, renonçant à la prétention d'en faire l'objet d'une convention. Mais cette offre ayant coincidé avec le rappel du maréchal, il ne se trouva plus en qualité pour l'accepter; mais il n'omis pas d'informer le ministre de l'état des choses. Que s'est-il donc passé depuis? Comment expliquer cette subite transition d'une condition humble et suppliante, à cette attitude fière et imposante qu'on a prêté à Abd-el-Kader, dans l'entrevue qui a précédé le traité de paix? Où sont les nouveaux faits-d'armes qui l'ont placé si haut de si bas qu'il était? L'esprit se perd en conjectures à cet égard.....

(2) Après le danger d'entreprendre, de prime abord, la colonisation sur une trop grande échelle, venait la crainte du désappointement en comptant exclusivement sur la population indigène pour opérer la colonisation, c'est-à-dire pour tirer de la fécondité du sol tout ce qu'elle promet. Le récensement de la population indigène est encore à faire, mais on l'évalue communément à deux millions d'habitans;

d'où il suit que cette population étant hors de pro-
portion avec l'étendue du territoire, il y a évidem-
ment insuffisance de bras, sans mettre en ligne de
compte l'inaction dans laquelle ils sont retenus.

Les peuples paresseux sont toujours en petit
nombre et il ne peut en être autrement. Ils laissent
leurs terres en friches; les fleuves les inondent;
des marais immenses infectent l'air : on respire
des poisons. La *paucité* de la population rend la
terre inhabitable, et une terre abandonnée contri-
bue à son tour à sa dépopulation. Voilà ce qui
explique l'état actuel de l'Algérie; voilà ce qui
explique comment un pays, qui, par la beauté de
son climat a toutes les apparences de la salubrité,
exerce une influence délétère sur la vitalité. Ainsi,
si la France a des vues sérieuses sur ce pays, si on
veut exploiter les richesses de son sol, il faut qu'elle
l'inonde d'une population nouvelle et qu'elle se
résolve à de grands sacrifices d'hommes et d'argent,
car l'assainissement ne peut s'opérer qu'à ce prix.
Enfin, il faudrait répudier les leçons de l'expérience
des siècles pour croire qu'un peuple primitif, dont
le caractère est indélébile, chez lequel les mœurs,
les habitudes et les instincts sont une seconde na-
ture, puisse tout-à-coup se transformer entre nos
mains en un instrument docile.

Après avoir observé cet état de choses, le maréchal fut naturellement conduit à l'idée de substi-

tuer une population européenne à la population indigène, ne fusse que pour en remplir les vides, non
par des moyens de coaction et de violence, mais
par des voies insensibles et avec tous les ménage-
mens propres à attirer à nous la population indigène qui serait disposée à opérer la fusion. En conséquence, un appel fut fait aux familles agricoles de
l'Alsace, de l'Allemagne et de la Suisse, qui sont
en possession de chercher des moyens d'existence
dans un autre hémisphère, et déjà cet appel avait
été entendu, des émigrations avaient été annoncées
lorsque le maréchal ayant été rappelé, toutes ces
vues ont été étouffées dans leur berceau.

Il est de notoriété publique qu'un grand nombre
d'émigrations s'opèrent en Amérique depuis huit
ans; il en meurt un quart en route, un autre suc-
combe aux épreuves du climat; et, nonobstant, le
mouvement, loin de se ralentir, ne fait que s'ac-
croître (1). Il est permis de penser que cet instinct

(1) ÉMIGRATION AUX ÉTATS-UNIS.
(Extrait du journal *le Commerce*, 18 avril 1838.)
Relevé du nombre des émigrans étrangers arrivés dans le port
de New-York depuis huit ans.

En 1829	15,064
1830	30,224
1831	31,739
1832	48,589
1833	41,702
1834	48,110
1835	35,303
1836	60,541
TOTAL.	311,052

d'émigration se porterait de préférence vers l'Afrique, si les colons pouvaient s'y promettre appui, protection et sécurité. Mais, comme il n'est bruit en Europe que de nos revers ou de nos succès en Algérie, ce qui donne à penser que notre domination est contestée sur tous les points et qu'elle n'est consolidée nulle part, et que, d'un autre côté, la direction que nous avons imprimée aux affaires du pays est pleine d'hésitation et d'incertitude, il n'est pas étonnant qu'on n'aie pas plus de foi en nous que nous n'en avons nous-mêmes, et que tout le monde recule devant les chances d'un avenir aussi nébuleux. Cet état de choses explique comment nos affaires en Afrique sont restées stationnaires.

C'est à partir de cette époque qu'on a marché d'incertitudes en incertitudes, d'erreurs en erreurs, sans plan et sans mesure. La guerre s'est allumée sur tous les points; nous avons donné aux Arabes le secret et le sentiment de leurs forces qu'ils ignoraient; ils ont été dressés à l'attaque et à la défense; enfin les choses sont arrivées au point que s'il était possible d'effacer jusqu'à la dernière trace de ce qui s'est passé depuis six ans, l'œuvre de la colonisation en serait plus avancée et présenterait moins d'obstacles.

(3) En même temps que le maréchal restreignait le cercle de l'occupation et faisait un appel à des colons européens, autres que ceux qui peuplent au-

BIBLIOTHÈQUE ROYALE

jourd'hui Alger, plus propres aux spéculations in-
dustrielles qu'aux travaux agricoles, il s'occupait ac-
tivement de donner une organisation à la province.
Si l'on compulse les actes qui se rapportent à cette
époque, on reconnaîtra qu'ils étaient parfaitement
adaptés aux circonstances des temps et des lieux,
qu'ils étaient tous empreints de légalité, mais d'une
légalité dégagée des entraves qui en paralysent l'action, car depuis on n'a pas assez observé que le régime de légalité, qui convient à un peuple dont la
civilisation est avancée, n'est propre qu'à étouffer
dans son berceau et à paralyser l'action d'une administration naissante ; et ce qui se passe en Afrique
en est la preuve, car l'administration est inerte et
comme emmaillotée dans ses propres formes et
dans la complication de ses rouages.

Le gouvernement provisoire, institué par le maréchal, se formait de trois sections : l'Intérieur, la
Justice et les Finances. Les chefs de ces trois sections se réunissaient en un comité, présidé par
l'intendant civil, qui référait de toutes les affaires
au général en chef, et tous les actes du gouvernement émanaient de son autorité. Il concentrait en
lui seul la correspondance ministérielle, et cor-
respondait exclusivement avec le ministre de la
Guerre, sauf à lui à s'entendre avec ses collègues,
sur les choses qui exigeaient leur concours.

Depuis, cet ordre de choses a été entièrement

interverti; on a imaginé de doter l'intendant civil d'une sorte d'indépendance de l'autorité du gouvernement; il a pu correspondre, non seulement avec le ministre de la Guerre, mais encore avec tous les ministres indistinctement, et cela, à l'insu et sans l'intermédiaire du gouverneur, en sorte que celui-ci est devenu étranger à la conduite des affaires. Aussi, ces deux autorités se sont trouvées respectivement dans une fausse position.

Ce n'est pas tout. Il est arrivé que les chefs de la Justice et des Finances, à l'exemple des deux premières autorités et à la faveur de leurs mésintelligences, ont cherché à s'émanciper et à secouer le joug de l'autorité de l'intendant civil, en se mettant en rapport direct avec leurs ministres respectifs, et ces ministres, au lieu de repousser ces communications, les ont accueillies et encouragées.

Qu'attendre d'une administration livrée à cette sorte d'anarchie organisée ? Rien que des tiraillemens et de misérables luttes d'amour-propre, dans lesquels les intérêts généraux sont comptés pour peu de chose. Ce régime mixte et bâtard appelle une réforme radicale : on est libre de choisir entre le régime militaire et le régime civil, mais vouloir qu'ils existent simultanément, sans se neutraliser l'un par l'autre, c'est vouloir l'impossible.

On se demande à présent comment il se fait que

le maréchal, dans son second commandement, ait renoncé à ses vues et répudié ses doctrines pour abonder dans le sens d'une occupation générale, après avoir jugé que c'était une tentative dangereuse dont on ne pouvait se promettre le succès. La réponse est simple : il a dû prendre l'Afrique, non telle qu'il l'avait laissée, mais telle qu'on la lui avait faite. En cela, il a été conséquent ; tandis que ceux qui lui ont succédé ne l'ont pas été, puisqu'ils ont été ramenés à son système par la force des choses, avec cette différence néanmoins qu'avec son système, la dignité de la France était sauvée, tandis que le traité de la Tafna lui a porté une cruelle atteinte. On peut prévoir à l'avance que ce traité sera bientôt suivi d'un autre, car la position de Constantine n'est pas tenable. Confinés, comme nous le sommes, sur le littoral d'Alger et d'Oran, nous ne pouvons, sans renoncer aux règles les plus simples de la stratégie, pousser vers Constantine une pointe de plus de quarante lieues dans les terres, et il ne nous est pas donné de prévoir ce que l'avenir nous prépare, engagés que nous sommes dans une pareille voie.

On voit, par le simple exposé des faits, que le maréchal n'a point opéré en aveugle, mais qu'il avait un plan arrêté ; qu'il ne lui a manqué que le temps pour le mettre à exécution ; que ses vues étaient saines, puisqu'après une longue série d'aberrations, on y est ramené par la force des choses. Mais est-il temps encore ? c'est ce que l'avenir nous apprendra. Ce qui est à jamais déplorable, ce sont les immenses sacrifices d'hommes et d'argent qu'à fait la France, et cela à pure perte.

www.ingramcontent.com/pod-product-compliance
Lightning Source LLC
LaVergne TN
LVHW050253030726
842520LV00006B/2345